AF242888

LETTRE

D'UNE MESSINE

A

NAPOLÉON III

NANCY

IMPRIMERIE DE N. COLLIN, 21, RUE DE GUISE

—

1871

A NAPOLÉON III

Sire,

Le tableau des malheurs de la France est-il parvenu jusqu'à vous, ou bien le rempart de courtisans qui entoure les princes, même tombés, est-il assez puissant pour vous cacher l'horreur des ruines que vous avez causées? Des journaux, des écrits de tous genres font chaque jour à l'Europe consternée une peinture qui reste malheureusement au-dessous de la vérité; la plus belle contrée du monde inondée d'un fleuve de sang, les ruines fumantes de Strasbourg, nos villes bombardées, nos armées prisonnières, nos villages brûlés ou décimés par la peste ou la mort, Metz pleurant son honneur perdu, Paris affamé, entouré d'un cercle de fer et de feu, partout la ruine et le désespoir : voilà où nous ont conduits vos fautes politiques et votre imprévoyance. Ces récits, vous avez dû les lire, et, ne l'auriez-vous pas fait, il me semble que l'immense cri de douleur qui s'élève de la terre de Louis XIV a dû être assez fort pour frapper vos oreilles et assez éloquent pour vous faire comprendre la profondeur de l'abîme où vous nous avez plongés.

Aujourd'hui, Sire, la voix d'une femme essaie de pénétrer dans votre fastueuse captivité. Je vous écris du milieu de cette malheureuse ville que vos fautes ont réduite au désespoir et qui se voit maintenant disputer sa nationalité et sa vie. Je ne viens pas vous retracer le tableau de nos douleurs, d'autres s'en sont chargés ; je pourrais vous demander ce que sont devenus entre vos mains l'or de la France, son sang, cette prospérité matérielle et cette beauté physique qui en faisait un objet d'admiration et d'envie pour toutes les nations, mais je préfère vous demander ce que vous avez fait de ses mœurs, de son intelligence, de son âme et de sa religion. Il y a dix-huit ans, la France, fatiguée de bouleversements et de révolutions, se donnait à vous, confiante dans vos promesses de paix, votre nom évoquait des souvenirs de gloire. La gloire et la paix, voilà ce que la France espérait de votre règne, l'épouvantable catastrophe qui la brise aujourd'hui lui a prouvé qu'elle s'était trompée. Vous aviez enfin atteint la couronne après l'avoir si longtemps désirée ; et, pour rappeler au

peuple une date aimée, vous avez choisi pour monter
sur le trône, l'anniversaire d'Austerlitz. Aujourd'hui,
Sire, descendez dans les replis de votre cœur ; de-
mandez-vous en toute sincérité, dans le secret de
votre conscience, quels sentiments vous animaient
alors. Avez-vous pensé un seul instant que, non-
seulement les intérêts de quarante millions d'hommes
allaient devenir les vôtres, mais encore que vous
seriez responsable devant Dieu et devant la postérité
du bien ou du mal qui se ferait en eux et par eux et
que la génération qui suivrait ne pourrait demander
compte qu'à vous de son éducation bonne ou mau-
vaise? Je ne le crois pas. Vous n'avez vu que la
réalisation de vos rêves d'ambition ; vous avez pris
la France comme un jouet, vous avez fait de la couronne un ornement de théâtre et vous avez oublié
que c'est une chose sacrée ; vous avez cru que, une
fois sur le trône, vous n'aviez plus rien à faire qu'à
jouir et à vous reposer ; cependant, c'était alors
qu'auraient dû commencer vos travaux les plus pé-
nibles puisque vous acceptiez cette responsabilité
difficile que Louis XIV, qui en avait compris toute
la grandeur, appelait si noblement le *métier* de roi.

Dieu vous avait donné à gouverner un peuple
comblé de tous les dons du ciel : intelligence, génie,
vaillance, générosité, un peuple capable de tous les
sacrifices et de tous les dévouements, sachant mé-
priser la mort, un peuple surtout fort contre le malheur et déployant dans l'adversité les plus héroïques
vertus, mais faible contre la prospérité et ne gâtant

ses belles qualités que par une inconcevable légèreté et un désir de nouveauté qui le rend très-facile à égarer. Au lieu de profiter de ses qualités naturelles pour le conduire à la grandeur morale, vous vous êtes attaché à son unique défaut, non pour le corriger, mais pour le flatter.

A tout prix vous vouliez régner, mais sans peine et sans effort, par conséquent sans contrôle. Il fallait donc, pour décider la France à vous laisser le pouvoir absolu, l'aveugler par des fêtes, l'absorber dans les plaisirs, l'anéantir en quelque sorte dans la volupté ; alors, au fond de vos somptueux palais, vous livrant à toutes les jouissances, vous avez abandonné le gouvernement d'une grande nation à ces favoris, nés de votre caprice, qui n'avaient d'autres talents et d'autres mérites que d'avoir su vous plaire ou vous amuser ; le peuple français, flatté dans ses goûts légers, les yeux fixés sur ce trône d'où ne tombaient que des exemples de frivolité, imita son souverain et chercha tous les moyens de se procurer le plus de jouissances possibles, pendant que des ministres incapables abusaient de leur pouvoir pour la ruiner à leur profit et la conduire à un abîme. De grands exemples placés sur le trône auraient trouvé des imitateurs ; l'histoire a prouvé que sous des princes sérieux, la France avait dépouillé sa coupable légèreté pour devenir la *grande nation*. Mais quand le peuple de Paris venait contempler son impératrice patinant sur les lacs du bois de Boulogne, et abaissant la majesté impériale à des plaisirs d'en-

fants, il communiquait l'impulsion au reste de la
nation et toutes les rivières de la France se cou-
vraient de femmes de tous rangs qui oubliaient le
soin de leurs familles et leurs devoirs de mères
pour suivre l'exemple de leur souveraine. Quel spectacle à donner à l'Europe et au monde !

Mais l'amour du luxe accompagne presque tou-
jours l'amour du plaisir. Et pourquoi le luxe était-il
devenu sous votre règne une véritable folie, sinon
parce que, plus qu'aucun prince, vous l'avez aimé
et encouragé ?

Les richesses de la France étaient là, vous y pui-
siez sans comptez ; mais êtes-vous descendu dans
toutes les classes de la société pour voir à quel prix
on vous imitait de loin ? Savez-vous ce qu'il en coû-
tait pour suivre ce torrent qui s'élançait du trône et
entraînait jusqu'aux derniers rangs du peuple sans
qu'il fût possible d'y résister malgré beaucoup d'ef-
forts ?

Quand une souveraine portait des robes tissées
d'or et d'argent, les dames de la cour poudraient
d'or leurs cheveux et, pour rester en proportion
avec ce luxe insensé, il fallait aux femmes d'une
position modeste une toilette qui dépassait souvent
les ressources d'une médiocre fortune. Pensiez-vous
au prix de quelles souffrances cachées, de quelles
dissensions dans les familles on achetait cette apparence de prospérité, quand ce n'était pas au prix des
vices les plus honteux ? On pouvait croire que d'un
bout de la France à l'autre, tout était richesse et

prospérité, le luxe était partout, dans le costume, dans les appartements, sur les tables et jusque dans les rues ; l'atmosphère en était comme saturée et il semblait qu'on le respirât : Dieu seul sait les douleurs et les misères que cet état cachait. Ne dites pas qu'il est nécessaire à l'honneur de la France que ceux qui la gouvernent s'entourent de splendeur ; l'expérience a prouvé que la dignité d'un peuple n'est pas dans les toilettes de son impératrice, et quand vous avez envoyé votre épouse ouvrir, au nom de la France, le canal de Suez, l'Orient étonné n'a vu qu'une femme couverte de parures frivoles et n'a pas voulu acclamer en elle la souveraine d'un grand empire.

Au milieu de ce débordement de luxe et de plaisirs, quelles productions littéraires pouvaient sortir d'un peuple absorbé par les jouissances matérielles ? Il était naturel que le niveau de l'intelligence s'abaissât comme celui des mœurs. On savait qu'on obtiendrait mieux la protection du souverain en inventant de nouveaux moyens de plaisirs qu'en produisant un chef-d'œuvre. D'ailleurs, il fallait avant tout se faire de son talent une source de fortune, pour satisfaire ces besoins nouveaux que le tourbillon du luxe rendait chaque jour plus impérieux , et le temps n'était plus où un auteur passait des années longues et consciencieuses à polir un ouvage pour la postérité. Continuellement, s'élançaient de Paris, comme d'un foyer de corruption, ces journaux , ces romans, ces feuilletons qui allaient jusqu'au fond des provinces détruire ce qui restait encore de mœurs et de vertu. Vous leur accordiez la protection du silence, vous endormiez le peuple dans ces pernicieuses lectures, vous saviez que cette coupable tolérance soulevait l'indignation des âmes honnêtes, mais vous n'avez rien écouté : vous vouliez faire tomber la France au rang de cet empire romain, qui n'était plus aux mains de ces Césars qu'un cadavre revêtu de brillants oripaux ; mais vous avez oublié, Sire, que ce cadavre de Rome antique avait conservé une seule puissance et une seule volonté : celle de renverser ses empereurs.

Le Théâtre, destiné chez les peuples civilisés à offrir à leur intelligence un plaisir délicat, était devenu l'école de tous les vices ; il étalait chaque soir, aux regards d'une foule avide et dégradée, le tableau de la plus vile corruption et des plus honteuses turpitudes, et encore ces misérables œuvres n'avaient plus pour légère compensation le mérite d'un beau langage et d'une spirituelle conception.

Les chaires de la Sorbonne et du Collége de France retentissaient chaque jour des doctrines coupables et impies de ces hommes protégés par vous, qui cherchaient à anéantir dans le cœur du peuple les pensées graves et sérieuses et allaient jusqu'à nier à l'homme sa divine origine en proclamant qu'il est né de la brute.

Les effets de telles doctrines conduisaient la France, de chute en chute, au dernier degré de la dépravation : la folie, funeste résultat des intelligences faussées et exaltées, devenait fréquente ; les suicides, signe de la corruption des peuples, se multipliaient, et les procès criminels n'étaient que la mise en action, devant les tribunaux, des romans les plus à la mode et les plus populaires.

A ce peuple amolli et dépravé, il fallait une capitale digne de lui ; à ce souverain endormi dans le plaisir, il fallait une ville de palais qui cachât sa misère morale sous une apparence de splendeur. D'un trait de votre plume sur le plan de Paris, vous avez détruit des quartiers immenses et coupé des voies larges et grandioses ; puis, au milieu de cette ville nouvelle, vous avez fait élever un temple à toutes les voluptés. Vous avez pensé que l'Opéra, le seul de nos théâtres qui eût conservé quelque dignité, n'approchait pas encore assez du paganisme antique : vous avez rappelé les dieux impurs d'Athènes et de Rome ; la sculpture, la peinture, la poésie, la musique sont venues l'une après l'autre ou combinées avec art, offrir à chacun des vices de l'homme un attrait enchanteur, et à chacun de ses mauvais penchants une excitation nouvelle, en étalant tous les raffinements de la plus habile corruption. Une avenue bordée de palais devait vous conduire à cet édifice splendide et impie. Quand il fut achevé, on posa au sommet, par vos ordres, la couronne impériale. C'était une profanation, Dieu n'a pas permis d'y mettre le comble et le jour même que vous aviez choisi pour l'inaugurer, vous étiez en fuite devant un ennemi qui venait renverser votre empire éphémère.

Quand une parole de votre bouche ou un signe de votre main condamnait à la démolition des rues et des édifices antiques, aviez-vous compris tout le danger qu'il y avait à détruire ainsi tous les souvenirs du passé et à faire croire à une génération que tout à commencé avec elle et finira avec elle? En parcourant ces boulevards neufs et déserts, qui semblaient nés le même jour que nous, nous pouvions penser que nous étions seuls au monde, sans aïeux et sans postérité. Cependant, vous ne saviez pas l'influence salutaire qu'exerce sur nous la vue des demeures qu'ont habitées nos ancêtres : il n'est pas d'hommes, si indifférent que soit son cœur, si peu versée que soit son intelligence dans l'histoire du passé, qui puisse se défendre d'un involontaire respect en foulant ce pavé que nos pères ont foulé ; en voyant ces lieux où ils ont vécu, aimé, souffert et prié, où ils sont morts nous laissant pour héritage leurs œuvres et leurs vertus ; nous sentons que notre vie ne nous appartient pas, et, qu'à notre tour, nous en léguerons les fruits à ceux qui nous suivront. Si vous aviez compris la puissance des grands souvenirs qui font vivre ainsi une génération sous les yeux de ses ancêtres et de sa postérité, vous n'auriez pas détruit sous prétexte de vains embellissements, la vie morale d'une grande cité. Vous accusez la France d'ingratitude et d'injustice envers vous. Si vous aviez laissé au peuple de Paris les monuments témoins de la fidélité de ses pères, les vieilles rues où ils acclamaient leurs princes, peut-être qu'il se serait souvenu du respect qu'il doit à ceux qui le gouvernent.

Ainsi, dans ce naufrage universel, tout avait péri : la simplicité des mœurs, la grandeur des caractères, le bon goût, la pureté des doctrines et jusqu'aux images salutaires du passé. Une seule chose était restée debout au milieu de ces ruines morales, c'était la religion, parce qu'elle a ses racines bien profondes dans le cœur de la France et que l'amour de ses enfants pour elle est plus fort que les attaques de l'impiété et de l'athéisme. C'était la seule digue qui retînt encore les flots de la dépravation, mais il fallait la détruire aussi, car elle est incompatible avec les mœurs d'un peuple corrompu.

Cependant vous n'avez pas voulu l'attaquer en face, vous avez compris que si une insulte était sortie de votre bouche envers cette Eglise catholique à qui la France doit sa grandeur, la nation entière se serait levée pour défendre sa foi. Vous avez mis plus d'art dans la persécution, vous lui avez donné le baiser de Judas en l'entourant d'un respect et d'une protection dérisoires, vous l'avez laissé bafouer, flageller, insulter par la presse, par l'enseignement des universités, par les publications impies que vous autorisiez, puis en cet état, vous avez jeté sur ses épaules un manteau de pourpre, vous avez mis sur son front un diadème d'épines, dans sa main un sceptre de roseau et, comme Pilate, au balcon du prétoire, vous pouviez la montrer au monde en disant : la voilà ! Vous pensiez décharger ainsi votre responsabilité. Et quand la conscience publique et la foi de votre peuple vous forçaient à maintenir à Rome ce poste d'honneur qui est cher à la France, vous flattiez l'usurpateur du domaine de l'Eglise, et vous prêtiez secrètement les mains à un empiétement sacrilége. Vous pourriez feuilleter les annales de la France, vous y verriez que ceux de ses souverains qui n'ont pas été les défenseurs sincères de la Papauté ont appelé sur eux des malheurs singuliers ou une fin précoce. L'impératrice Eugénie abordant au rivage où expira saint Louis et ne faisant pas un pas de plus pour aller s'agenouiller au tombeau du Sauveur, portait à sa puissance un coup irréparable et au moment, où par vos ordres, les légions françaises abandonnaient Rome, vous commenciez à Sedan cette gigantesque bataille dont le fracas devait étouffer la chute de votre trône.

Maintenant, Sire, que les tristes conséqueces d'un règne de dix-huit ans sans piété et sans moralité, se déroulent sur notre malheureuse patrie, écoutez-moi encore : Je ne vous le demande pas au nom de la France, entre elle et les Bonaparte le divorce est éternel ; mais au nom de votre fils que vous devez aimer, et à qui il ne faut pas, au lieu du trône que vous aviez rêvé pour lui, laisser un nom flétri : A Sedan, vous avez imprimé à votre honneur et à celui de la France une tache d'opprobre, la France a lavé sa honte dans son sang, quels que soient les malheurs qui l'attendent encore, elle peut reprendre maintenant, fière et grande, son rang parmi les nations ; elle a reconquis son honneur au prix du sacrifice. C'est à vous de relever le vôtre, par le repentir. D'abord, quittez la Prusse aussitôt que la conclusion de la paix vous le permettra, n'acceptez pas de l'ennemi de la France l'aumône d'un palais, ce serait nous insulter encore ! Demandez un asile à la libre Angleterre ou bien à cette Autriche dont vous avez causé les malheurs, mais la maison de Lorraine a le cœur généreux, elle vous pardonnera et la défaite de Sadowa et la mort de Maximilien. Renoncez pour vous et pour votre dynastie à ce trône que vous avez perdu par votre faute. Ne donnez pas au monde le triste spectacle d'un empereur qui, après avoir reculé devant une mort glorieuse, achève sa carrière dans de vaines tentatives de restauration. Loin de vous abaisser, le repentir vous relèverait dans l'estime de l'Europe ; secouez cette mollesse qui nous a perdus avec vous ; pensez à votre fils, innocente victime de vos erreurs, frêle et charmante créature qu'il serait cruel de vouer au malheur d'illusions éternellement trompées ; éloignez de lui ces conseillers perfides et flatteurs qui sont le fléau des princes, enseignez-lui que le bonheur n'est pas dans des rêves d'ambition ou des jouissances matérielles, mais dans la satisfaction du devoir accompli ; qu'il sache que celui qui dompte son cœur vaut mieux que celui qui prend des villes, qu'il oublie cette couronne passagère pour ne s'attacher qu'à en gagner une immortelle. Si vous mettez au cœur de votre fils un sincère amour de Dieu et des hommes, vous aurez plus fait pour son bonheur qu'en lui léguant tous les royaumes du monde.

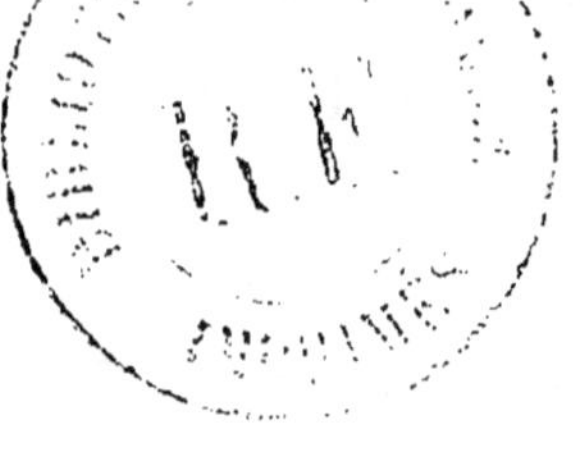

Nancy. — N. COLLIN, 21, rue de Guise.